Elke u. Gebbers

Hans Christian Andersen

Reise nach Dresden
und in die
Sächsische Schweiz

Fotos von Frank Richter

Husum

Nach einem Aufenthalte von drei Tagen verließ ich das freundliche Leipzig, wo ich mehrere vortreffliche Menschen hatte kennen lernen.

Es war schon dunkel, als wir bei dem Jagdschloss Hubertusburg mit seinem großen Garten vorbeifuhren. Mengs Pinsel soll viele Fremde nach der Schlosskapelle hinlocken; wir hatten keine Zeit, auch keinen Mangel an Bildern; ein Bild wechselte mit dem andern, wenn wir durch die Wagenfenster hinaussahen. Hier ein Wirtshaus mit Reisenden, der Hausknecht mit der brennenden Laterne in der Tür – das war ein Nachtstück in Rembrandt'scher Manier; dort sah man eine sumpfige Gegend in Morgenbeleuchtung, einige wilde Enten plätscherten im grünen Schilfe, eine Manier, die Ruysdael nachzuahmen pflegt; weiterhin lag ein Flecken mit eingestürzten Mauern; im Vordergrunde, unter einem großen Baume, saßen ein Paar junge Leute und küssten sich – das war eine Manier, die ich selbst gern hatte nachahmen mögen.

Meißen ... man muss es hier wie mit jedem schönen Gemälde machen, die Augen nicht allzu nahe daran halten.

Je näher wir Meißen kamen, ein umso mehr romantisches Aussehen bekam die Gegend. Hin und wieder sah man Felsen sich erheben, mit einem ganz andern Charakter als die im Harz. In rotgelben Steinmassen, mit jungen Buchen bewachsen, hingen sie über unsern Häuptern; auf der andern Seite des Weges lagen die grünen Weinberge mit den roten Weinbergshäuschen, und unten schlängelte sich die Elbe in malerischen Krümmungen. Schiffe wurden von Menschen und Pferden den Fluss hinaufgezogen, während andere mit schwellenden Segeln stromabwärts fuhren.

Meißen selbst hat enge Straßen und sah mir recht unheimlich aus; man muss es hier wie mit jedem schönen Gemälde machen, die Augen nicht allzu nahe daran halten.

Der Dom ist ein herrliches, gotisches Gebäude. Die Sonne schien in die hohen Fenster hinein, wo ein kleiner Vogel, der sich verirrt hatte, umherflatterte und mit den Flügeln an die Fensterscheiben

Der Dom ist ein herrliches, gotisches Gebäude. Die Sonne schien in die hohen Fenster hinein ...

schlug, um herauszukommen. Da sah ich meine eigene Kinderwelt! Die Kindheit ist auch eine solche heilige, große, gotische Kirche, in welche die Sonne freundlich durch bunte Fensterscheiben scheint, wo ein jeder dunkle Winkel ein mächtiges Gefühl erweckt, und wo das einfachste Bild durch seine Beleuchtung und durch die Sage eine weit tiefere Bedeutung bekommt. Das Alltagsleben zeigt sich hier in seinen Sonntagskleidern, Gott und die Welt liegen einander weit näher, und doch flattert das Herz, wie der kleine Vogel hier in der Kirche, nach der neuen, draußen liegenden Zukunft, wo vielleicht ein Jäger hinter einem Gebüsch lauert, ihm durch die Flügel zu schießen.

Der Weg von Meißen nach Dresden ist mit Akazien und Birnbäumen bepflanzt; auf den Feldern stehen Kohl und Kartoffeln; es ist ein wahrer Küchengarten! Freundliche Anhöhen, mit Wein und Laubholz bewachsen, liegen an beiden Seiten, und hinten bildet Meißen selbst, das mit seinem Schloss und Dom sehr hoch liegt, den herrlichsten Punkt in dem ganzen Gemälde; außerhalb der Stadt führt eine steinerne Brücke über die Elbe, wo Menschen gehen und fahren, ohne daran zu denken, viel weniger noch sich darauf etwas zugute zu tun, wie sie gerade dadurch das Ganze beleben.

... die katholische Kirche rechts und gerade vor uns das Tor, durch das wir in die eigentliche Stadt hineinfuhren.

Je weiter man sich von hier entfernt, desto höher werden die Berge, und bald sieht man wie durch einen Schleier das deutsche Florenz, Dresden, mit seinen Türmen und Kuppeln vor sich liegen.

Als ich nach der Augustusbrücke kam, die ich schon so gut aus Kupferstichen und Gemälden kannte, kam es mir vor, als ob ich schon früher einmal im Traum hier gewesen wäre. Die Elbe wälzte ihre gelben Wellen unter den stolzen Bogen durch; auf dem Fluss war viel Leben und Treiben, aber weit mehr noch auf der Brücke; auf der Mitte jagten Wagen und Reiter, und auf beiden Seiten ging eine Masse Fußgänger im buntesten Wechsel; ungefähr mitten auf dem Fluss stand auf einem der Ausbaue, welche die einzelnen Pfeiler bilden, ein Kruzifix von Metall. – Nun kamen wir nach der Altstadt, dem eigentlichen Dresden; die Brühlsche Terrasse mit ihrer breiten Treppe lag links, die katholische Kirche rechts und gerade vor uns das Tor, durch das wir in die eigentliche Stadt hineinfuhren.

Dresden steht als Übergangspunkt in der Mitte von Nord- und Süddeutschland da und hat auch einen gemischten Charakter von beiden. Es war die letzte große Stadt, die ich nach Süden zu in Deutschland zu sehen bekommen sollte; dieser Gedanke fiel mir ein und war die Ursache, dass ich ganz wehmütig gestimmt in die liebe Stadt hineinfuhr.

Die Stadt hatte für mich etwas einladend Freundliches; ich fühlte mich darin gleich wie zu Hause. Mein erster Gang war zu unserem berühmten Landschaftsmaler Dahl. Ich hatte keinen Empfehlungsbrief, aber als Däne war ich herzlich willkommen. Sowohl mir wie seinen anderen Landsleuten, die mit mir zur selben Zeit da waren, brachte er viele Opfer an Zeit und Mühe. Er war mit zwei Norwegern zu Tieck eingeladen; der große Dichter wollte an diesem Abend in einem Kreise von Freunden etwas vorlesen; da ich nun einen Empfehlungsbrief von Ingemann an ihn, ihm auch schon früher selbst einmal geschrieben hatte, so forderte Dahl mich auf, ihn zu begleiten, bat mich jedoch, jetzt nicht die Zeit bei ihm zu verlieren, sondern in die katholische Kirche zu gehen. Es war gerade an diesem Tage das Fronleichnamsfest; die meisten Zeremonien würden jetzt wohl freilich schon vorbei sein, meinte er, ich würde aber doch die Kastraten singen hören.

Ich fand bald den Weg über die Brühlsche Terrasse, die von Spaziergängern wimmelte; da gab es so viel Hübsches zu sehen, die große Augustusbrücke mit ihrem Menschengewühl, die Elbe mit ihren Schiffen und die grünen Weinberge an ihren Ufern! Aber ich hatte keine Zeit, ich musste mich beeilen.

Jetzt stand ich in der katholischen Kirche. Wie groß und hell! Das Musikchor brauste über meinem Kopf; auf allen Altären brannten Lichter, und rund umher in den Seitenkapellen und in den großen Gängen lagen Menschen auf den Knien. Die königliche Familie war in der Kirche, ich sah den König sehr eifrig beten; drei Priester in Gewändern von Goldstoff standen am Altar, und viele kleine Knaben, in roten Kleidern mit ei-

Dresden steht als Übergangspunkt in der Mitte von Nord- und Süddeutschland.

nem kleinen weißen Überwurf, schwangen Rauchfässer. Die Kastraten sangen; das waren keine männlichen, aber auch keine weiblichen Stimmen; es waren die weichsten Molltöne. Es lag etwas so Tiefes, Wehmütiges in diesem Gesang, als wäre es des Herzens ganze Sehnsucht, die sich in Tönen aussprach; sie machten einen ganz wunderbaren Eindruck auf mich, aber ich fühlte mich gar nicht froh dabei.

Am Hochaltar war beständige Bewegung; die Chorknaben kamen und gingen mit großen Lichtern, und die Priester verneigten sich jeden Augenblick und klingelten mit ihren silbernen Glocken.

Schweizer in gelben Livreen, mit großen, silberbeschlagenen Stöcken in der Hand, gingen in den Gängen herum, um auf Ruhe und Ordnung zu sehen und Achtung zu geben, dass die Böcke von den Schafen getrennt blieben. Menschen kamen und gingen, aber alles geschah sehr leise. Ich sah böhmische Frauen und Mädchen, die wahrscheinlich mit ihren Waren

Jetzt stand ich in der katholischen Kirche. Wie groß und hell! Das Musikchor brauste über meinem Kopf …

Der Dichter begrüßte uns freundlich und hieß uns willkommen.

zu Markt gewesen waren; sie kamen mit ihren Körben oder Bündeln auf dem Rücken in die Kirche herein, knieten in den Gängen, beteten ihren Rosenkranz und entfernten sich dann wieder in größter Eile.

In den Kapellen knieten Männer und Frauen vor dem Bilde der Mutter Gottes, und in manchem Gesicht sah ich den Ausdruck wahrhafter Erhebung und Andacht. Die Sonne schien durch die Fenster und vermischte sich wunderbar mit dem Schein der vielen Lichter und dem wohlduftenden Rauch; es lag wirklich etwas darin, was auf dem Tonmeer der Musik den Weg zum Herzen fand.

Es war sieben Uhr abends, als ich mich mit Dahl und den zwei jungen Norwegern zu Tieck begab; ich sollte jetzt den Dichter sehen und kennen lernen, mit dem ich mich im Geiste so oft und viel beschäftigt hatte. Ich dachte nicht an seinen gestiefelten Kater und Prinz Zerbino, nicht an seine wunderschöne Elfenwelt und die herrlichen Novellen, nein, alles schmolz mir in dem Manne selbst zusammen, in Deutschlands Tieck, dem Meister einer ganzen Schule, der romantischen Poesie, dem

Manne, der Goethe an Alter, Wert und Anerkennung bei seinen Landsleuten am nächsten steht.

Das Zimmer, in das wir geführt wurden, war nicht groß. Hier saßen um den Teetisch herum die Familie und einige Fremde, meistens Ausländer. Ich hatte Ingemanns „Ole der Namenlose" von dem Dichter selbst mitbekommen und meine eigenen „Phantasien und Skizzen" ebenfalls bei mir. Dahl stellte die beiden Norweger und mich als seine Landsleute vor, und der Dichter begrüßte uns freundlich und hieß uns willkommen; als ich ihm darauf die Bücher und Ingemanns Brief gab, nahm er mich freundlich bei der Hand und fragte, ob ich derjenige sei, der die „Fußreise" geschrieben habe. Als ich dies bejaht hatte, sagte er mir einige verbindliche Worte, hieß mich noch einmal willkommen in Deutschland und erkundigte sich nach Ingemann, den er sehr wertschätzte. Welch ein Ausdruck lag in dieses Mannes Blicken! Nie habe ich ein offneres Gesicht gesehen. Seine Stimme klang so gutmütig, und sah man ihm in die großen, klaren Augen, da fühlte man sich gewiss gedrungen, sich ihm anzuvertrauen. Es war nicht bloß der Dichter, den ich liebte, auch der Mann ward mir jetzt teuer! Ja, so hatte ich ihn mir gedacht, als ich die Elfen las; aber meine Träume sind schon so oft fehlgeschlagen, dass ich zuweilen wiederum dachte: in der Wirklichkeit ist er vielleicht ein steifer, vornehmer „Hofrat", und das würde mich sehr abgeschreckt haben. So war auch meine Vorstellung von Goethe, was meine Lust überwand, den großen Meister zu sehen, von dem ich glaubte, dass er sich am herrlichsten ausnähme, wenn man ihn, wie die Kirchtürme, aus der Entfernung sähe.

Die Gesellschaft bestand übrigens aus Menschen von den verschiedensten Gegenden des Erdballs; hier war einer aus Amerika, ein anderer, der die Reise um die Welt gemacht hatte, da waren Norweger, Deutsche und so weiter. Ich war der Einzige aus Dänemark.

Tieck liebt Holberg sehr, den er in einer alten Übersetzung besitzt, aus der er zuweilen vorliest, und zwar ganz vortrefflich. Ich hörte ihn diesen Abend den zweiten Teil von Shakespeares „Heinrich der Vierte" vorlesen. Er pflegt, wenn er vorliest, die Personen nicht zu nennen, aber er spielt eine jede, sodass man gleich weiß, wer es ist. Namentlich die komischen Szenen gab er ganz meisterhaft, und es war ganz unmöglich, über seinen Falstaff oder seine Frau Hurtig nicht zu lachen.

Als wir am Abend aufbrachen, bat mich Tieck, so lange ich in Dresden bliebe, ihn öfter zu besuchen, und bereitete mich namentlich auf den Genuss vor, der mir in dem Besuch der Bildergalerie und der Sächsischen Schweiz noch bevorstände; Erstere war unglücklicherweise geschlossen, da die Bilder aufs Neue geordnet wurden, aber Dahl hatte mir versprochen, mich am andern Morgen hinaufzubringen, da doch die besten Sachen noch alle aufgehängt waren. Dies war der erste Tag in Dresden.

Mit Dahl, dem dänischen Gesandten und den beiden Norwegern ging ich nun nach der Bildergalerie. In mehreren Sälen lagen die Bilder auf der Erde hingestreckt, aber in den meisten waren sie schon geordnet und aufgehängt. Welch eine Masse von Kunstwerken!

Was soll ich zuerst erwähnen von den großen Einzelheiten, die den tiefsten Eindruck auf mich machten? Doch kann ich noch fragen? Raffaels Madonna! Ich durchflog die Säle, um dieses Bild zu finden, und als ich vor demselben stand, da – setzte es mich gar nicht in Erstaunen. Es kam mir wie ein gewöhnliches Frauengesicht vor, aber nicht schöner, wie ich sie oft gesehen. Ist dies das weltberühmte Bild? dachte ich, und wollte damit überrascht werden, es zu sehen, aber es blieb in meinen Augen doch dasselbe. Es kam mir sogar vor, als ob mehrere Madonnenbilder, mehrere weibliche Gesichter auf dieser Galerie viel schöner seien; nun ging ich zu diesem zurück – aber da fiel mir der Schleier von den Augen, die sahen jetzt wie Menschengesichter aus, denn ich hatte das Göttliche selbst gesehen. Ich trat jetzt wieder vor sie hin, und nun erst fühlte ich das unendlich Wahre und Herrliche in diesem Bilde. Es ist nichts daran, was frappiert, nichts was blendet, aber je aufmerksamer man die Mutter und das Christuskind betrachtet, desto göttlicher werden sie. Ein so überirdisches, kindliches Gesicht hat kein Weib, und doch ist es die reine Natur. Es kam mir vor, als ob jedes fromme, unschuldige Mädchengesicht etwas Ähnliches mit diesem habe, dass dies aber das Ideal sei, nach dem die andern strebten. Nicht Liebe, aber Anbetung rief dieser

Blick hervor. Nun erst ward es mir klar, wie der vernünftige Katholik vor einem Bilde knien kann. Es sind nicht die Farben auf der Leinwand, die er anbetet, es ist der Geist, der göttliche Geist, der sich hier leibhaft offenbart vor dem leibhaften Auge, während die mächtigen Orgeltöne über ihn hinbrausen und die Dissonanzen der Seele auflösen, sodass eine Harmonie zwischen dem Irdischen und dem Ewigen entsteht.

Die Zeit hat die Farben auf dem Bilde gebleicht, aber dennoch scheint alles zu leben; die große Glorie von Engelköpfen entwickelt sich mehr und mehr, und in dem Blick des Christuskindes sammelt sich der ganze, große Ausdruck; einen solchen Blick, ein so kluges Auge hat kein Kind, und dennoch ist es das natürlich Kindliche, was uns hier so tief ergreift. Und nun die lieblichen Engelkinder unten! Sie stehen da wie ein hübsches Bild irdischer Unschuld; mit kindlicher Ruhe sieht das jüngere vor sich hin, während das ältere den Blick zu den Himmlischen über sich erhebt. Dieses eine Bild würde die Galerie berühmt machen, so wie dieses eine hinreicht, seinen Meister unsterblich zu machen. In demselben Saal hingen noch drei Meisterwerke; hier war Corregios Nacht, eine poetische Idee, herrlich aufgefasst und durchgeführt. Das Licht strömt von Jesus aus über alle die andern rings umher. Namentlich frappierte mich eine weibliche Figur, welche die Hand vor die Augen hält und sich von dem starken, blendenden Licht halb abwendet. Die Meister pflegen dieses Stück unter den Arbeiten dieses großen Meisters obenan zu stellen, aber ich ziehe doch den heiligen Sebastian vor, der ebenfalls seinen Platz in diesem Saal hatte. Welche herrliche Gruppen von Engeln! Sie schreiten auf den leichten Wolken herab um den frommen Märtyrer mit dem ruhigen, begeisterten Blick. Noch befand sich hier ein Stück, das ich das Vierte von diesen gottbeseelten Bildern nennen zu dürfen glaube: ein Christus von Carlo Dolci; Hoheit und Schmerz waren in diesem edlen, gottergebenen Gesicht miteinander verschmolzen.

Ich ging von Saal zu Saal und besah alle die großen Kunstschätze, aber stets musste ich wieder zu diesen vier Schätzen zurück, zu Raffaels Madonna und Corregios Engelgruppen.

Doch bewahre ich aus meinem ersten Besuch auf der Galerie auch noch den Eindruck von andern vortrefflichen Bildern.

„Das Weltgericht“ von Rubens, auf dem er seine drei Frauen im Porträt angebracht hat; zwei werden von Engeln in den Himmel getragen, die dritte dagegen schleppt der Teufel in die Unterwelt hinab. Rubens selbst sitzt auf seinem Grabe. Niemand scheint ihn zu beachten, er ist in tiefe Gedanken versunken; wahrscheinlich sinnt er darüber nach, wohin er kommen wird, und erwartet nun ruhig sein Schicksal.

Auf einem Bilde von Bassano, das die Arche Noah vorstellte, war es sehr komisch, dass das Schwein zuerst hineingetrieben ward und also den ersten Platz bekam.

Geistig ermüdet von dem Genuss aller dieser Herrlichkeit und körperlich matt von dem vielen Herumlaufen verließ ich die Galerie, um sie bald wieder zu besuchen.

Im königlichen Theater ward nicht gespielt, da die Darsteller während der Sommermonate fast alle auf Reisen waren. Außerhalb der Stadt im „Linkeschen Bade“ gaben die Zurückgebliebenen Vorstellungen. Eine junge Dame, Alexandrine Gebhardt vom Petersburger Hoftheater, spielte als Gast die Christine in „die Königin von sechzehn Jahren“. Das Theater liegt an der Elbe in einem kleinen Wäldchen, in dem sich Musik und Zelte befanden. Familien aus Dresden saßen rings umher in der grünen Natur und genossen Erfrischungen, während andere spazierten und noch andere auf bunten Gondeln auf der Elbe fuhren.

Die junge Schauspielerin machte viel Glück und verdiente es; sie gab die Rolle mit einer Anmut und einer Feinheit, die das denkende Weib verrieten.

Zum Schluss sahen wir eine Art von Ballett „Der Fassbinder“. Der Ballettmeister Hr. Gärtner ward herausgerufen, der Vorhang ging in die Höhe, das ganze tanzende Personal stand im Halbkreis mit dem Gerufenen in der Mitte, er machte eine Attitude, legte die Hand aufs Herz und schien sehr entzückt – dann klatschte man und lachte –, das war das Ende vom Ganzen.

Es war ein herrlicher Abend. Die Musik ertönte so bedeutungsvoll hinter den

Ich ging von Saal zu Saal und besah alle die großen Kunstschätze.

grünen Hecken. Ich nahm eine Gondel, um nach Hause die Elbe hinabzufahren. Die Augustusbrücke spiegelte sich im Wasser, und Dresden selbst erhob seine hohen Türme und Kuppeln in die Luft; es waren Schattenbilder auf einem goldnen Grunde. Je weiter sich das Boot von dem kleinen Wäldchen entfernte, desto schwächer ward der Schall der Musik; unter der Brühlschen Terrasse, wo ich ans Land stieg, waren einige Fackeln angezündet. Oben war ein Gewühl von Spaziergängern; der Jasmin verbreitete einen starken Duft um sich her und unten in den Booten sangen einige lustige Matrosen die Barcarole aus der „Stummen".

Welch ein Wechsel brachte mir jeder Tag, jede Stunde, in dieser teuren Stadt! Welch eine Menge von Ideen und Gefühlen durchströmte mich in den neun Tagen, die ich hier zubrachte! Vom Morgen bis zum Abend tummelte ich mich umher, und jeden Augenblick sah ich etwas Neues.

Man empfahl mir, das „Grüne Gewölbe" zu sehen. Es ist dies eine Reihe von Zimmern, die übrigens keineswegs grün

... ein ganzes Zimmer voll Spielzeug aus Perlen und Edelsteinen.

sind, und niemand weiß so eigentlich, woher sie ihren Namen bekommen haben. Da gab es große Tische von Mosaik mit Blumen und Früchten; die Bilder der sächsischen Könige hingen in Lebensgröße an den Wänden; hier zeigte man Becher aus Silber und Gold und ein ganzes Zimmer voll Spielzeug aus Perlen und Edelsteinen. Echte Perlen in ihrer natürlichen Gestalt waren angebracht wie das Glied, dem sie am meisten ähnlich sahen, die Verbindung war durch Silber oder Gold. So war eine Perle der Magen, eine andere der Kopf oder ein Bein und so weiter. Ich sah Luthers Ring und ganze Schränke voll Edelsteinen und Kostbarkeiten, die so tot und nichts sagend in all ihrem Glanz dalagen, dass ich nahe daran war zu verzweifeln über allen diesen Reichtum, der mich gar nicht interessierte. Wären die Wände nicht von Spiegelglas gewesen, und hätte ich nicht darin mein eignes Gesicht schauen können, in dem der Ausdruck unverkennbarer Langeweile mir vielen Spaß machte, da hätte es recht schlimm mit mir ausgesehen.

Mehr als das Grüne Gewölbe interessierte mich die „Rüstkammer". In den großen Gemächern hingen Waffen an Waffen; manches berühmte Reitpferd, das einen königlichen Prinzen auf seinem Rücken getragen hatte, stand hier in Holz ausgehauen, angemalt und geschmückt mit Sattel und Gebiss; der Mann, der uns umherführte, erklärte oft, dass es ein dänisches Pferd sei, welches das hölzerne Bild vorstellen sollte. Könige und Ritter aus Wachs standen wie bezauberte Trabanten rund umher an den Türen und stierten uns mit ihren toten Augen an. Es befanden sich hier ganze Schränke voll von Pfeilen und Pistolen; ich sah eine Trommel von Menschenfell, ferner die Rüstung, welche Gustav Adolf an dem Tage vor der Schlacht bei Lützen getragen hatte, einen Sattel, auf dem Napoleon geritten und so weiter.

Die ganze folgende Nacht träumte ich von nichts, als von Dolchen und Messern, mächtigen Wachsfiguren und großen hölzernen Pferden.

Ich sehnte mich auch nach der Sächsischen Schweiz; am folgenden Tage sollte ein Ausflug dahin angetreten werden.

Es war ein schöner Morgen. Ich ging in die katholische Kirche. Die Altarlichter waren angezündet und in einer der Seitenkapellen lag eine herrliche Gruppe von Kindern, kleinen Mädchen und Knaben, die mit ihren jugendlichen Stimmen einen Gesang anhuben, während die Sonne auf das Bild der Mutter Gottes schien. Ich lehnte mich an einen Pfeiler, während Gesang und Orgeltöne über mich hinrauschten. Ein alter armer Mann, in Lumpen gehüllt, aber mit der tiefsten Zerknirschung in seinem dunkeln, barschen Gesicht, lag tief niedergebeugt im Gange, als ob er nicht den Mut habe, sich dem Altar zu nähern; aufrichtige Reue stand auf seinem Gesicht geschrieben, er blickte zur Erde nieder und betete seinen Rosenkranz, während die Kinder unschuldig fromm ihr Morgengebet sangen; ich musste auch in meinem Herzen vor meinem Gott niederknien. Es war mir, als ob Gesang und Orgeltöne zu mächtigen Lebensbildern zusammenschmolzen, die an mir vorüberzogen. Wenn nur dies Ganze kein Traum ist, dachte ich, wenn ich nur nicht vielleicht gar zu Hause in Dänemark bin und schlafe und mich nur in diese fremde Stadt zwischen den Bergen hinträume, im Traum diese Orgeltöne und den frommen Gesang der Kinder höre, während der arme Bettler neben mir vor der Mutter Gottes kniet. Nein, ich träumte dies nicht, und doch träumte das Herz! Auch das löste sich in Tönen auf, denn das Herz ist eine Welt, in welcher die Gefühle, diese zwitschernden Vögel, Nester bauen, wo der Liebe leichter Kolibri singt, aber nur einmal singt, und dann wird das Herz zur Memnonssäule, aus welcher des Gesanges starkes Morgenlicht Töne hervorruft. In Liebe wurde der Mensch geschaffen; Liebe ist unsere Heimat; und daher wird jede Musik ein Kuhreigen, der die Erinnerung an die Heimat weckt. Ich musste mich aus meinen Träumen herausreißen; man erwartete mich an der Elbe, wo unsere Gondel lag; der Ausflug in die Sächsische Schweiz sollte jetzt vor sich gehen. Bald schwollen die Segel im Winde, die raschen Ruderschläge teilten den Wasserspiegel, eine Reisegesellschaft sang und lachte und ich musste mit lachen, während die erwachten Lebenserinnerungen in meinem Herzen in schneidenden Dissonanzen bei diesem schroffen Übergang vom Traum zur Wirklichkeit widerhallten. Aber da war ich denn auch wieder ein Mensch ebenso wie die andern.

Wir kamen vor mehreren großen Booten vorbei, die mit Landleuten angefüllt waren, Mädchen und Frauen, die in Dresden mit Milch gewesen waren; sie lagen in verschiedenen Gruppen in den Booten umher und hatten sich zum Schutz gegen die Sonne zugedeckt, während der Wind nur schwach in die Segel blies. Die Frauen waren ganz gelbbraun im Gesicht, die Mädchen dagegen rot und weiß, mit lebhaften, dunkeln Augen; ich erinnerte mich an die „Donaunixen" und dachte mir nun diese ländlichen Schönen als die Beherrscherinnen des Elbstromes; ich sah einer der freundlichsten in die schwarz-blauen Augen hinein, und sogleich fuhr mir ein Halbdutzend Romanzen und Balladen durch den Kopf. Die Weinberge bekamen ein frischeres Grün, die Nadelholzungen eine dunklere Färbung, und alle die rotbedachten Gebäude an den Berghängen standen da wie Erdgeister, die in dem starken Sonnenlicht ihr Leben eingebüßt hatten.

Bei dem Schloss Pillnitz, der Sommerresidenz des sächsischen Königs, stiegen wir ans Land. Unser Weg führte uns nun

Man erwartete mich an der Elbe, wo unsere Gondel lag; der Ausflug in die Sächsische Schweiz sollte jetzt vor sich gehen.

durch ein freundliches, kleines Dorf in die freie, schöne Natur hinaus; bald näherten wir uns dem Liebethaler Grund, einem herrlichen, langen Felstal. Hoch oben, an beiden Seiten, liegen Felder und Wiesen, von denen man sich gar nichts träumen lässt; gelbe und graue Steinmassen, zwischen denen verkrüppeltes Gebüsch aufschießt, erheben sich an den Seiten; der Fluss Wesenitz fließt mitten durch.

Bei dem Schloss Pillnitz, der Sommerresidenz des sächsischen Königs, stiegen wir ans Land.

Lass uns hier im Tale rasten!
Besser werden wir's nicht finden.
Hier am Mühlbach lass uns sitzen
unter diesen alten Linden;
überm Mühlbach stürzt das Wasser,
hörst du's drüben weiter rauschen?
Und des Müllers schöne Tochter
seh ich dort am Fenster lauschen.
Unschuld wohnt auf ihrer Stirne,
in den Augen Treu und Milde,
sie betrachtet mich und freut sich
an der Landschaft schönem Bilde.
Stolze Felsen, grau und rote,
sich am Fluss hinab erstrecken,
und im Sonnenscheine singen
Vöglein in Gebüsch und Hecken.
Welche Landschaft! Lass uns weilen!
Hier zur Freude nur vereinen
alle Gegenstände sich, und dennoch
ist mir Angst, ich möchte weinen.

Hör ich doch den Vogel zwitschern:
„Seit geraubt sind meine Jungen,
der Gefährte mir erschossen,
hab ich traurig nur gesungen!"
Malerisch hebt sich der Felsen. –
Neulich stürzten große Stücke,
töteten 'nen armen Vater,
weiter niemand – welch ein Glücke!
Es erwärmen viele Länder
weit und breit der Sonne Gluten;
scheint die Sonne doch gleich freundlich
auf die Bösen wie die Guten!
Ist mir doch, als hört' das Mühlrad
ich die Worte deutlich sprechen:
„Neulich hört' ein junges Herz ich
unter mir im Wasser brechen!"
Selbst das Mädchen – lass mich weinen!
Diese Bitterkeit und Schmerzen
sich nicht außer mir befinden,
wohnen nur im eignen Herzen.

Gelbe und graue Steinmassen erheben sich an den Seiten.

In der Natur und der Welt gibt es keine Dissonanzen, die eine löst sich in der andern auf, und in unsrer eignen Brust müssen wir die letzte suchen, die nur von dem höhern Meister aufgelöst wird.

Wir gingen auf dem hohen Bergrücken entlang und blickten ins Tal hinab, das wie ein mächtiges Bild von meinem eigenen Herzen dalag, still und dunkel mit dem brausenden Fluss, während oben die Sonne so warm und schön die wallenden Kornfelder und den Weg beschien, auf dem fröhliche Kinder sich herumtummelten.

Bei Mühlsdorf stiegen wir ins Tal hinab, überschritten die Wesenitz auf einer Brücke und befanden uns in dem Flecken Lohmen. Dieser ist früher eine kleine Stadt gewesen und hat noch manche städtische Gerechtsame; das Schloss erhebt sich auf einem hervorragenden Felsen, hoch über dem Fluss; beide Hauptgebäude desselben sind durch einen Altan verbunden, der auf einer Felsspitze angelegt ist, von der man eine herrliche Aussicht auf die romantische Umgebung genießt.

Auf einer hier angebrachten Tafel las man eine gereimte Inschrift, die einem erzählt, dass vor ungefähr fünfzig Jahren ein junger Landmann, der sich auf dem Altan schlafen gelegt hatte, von hier hinabstürzte, aber, obgleich er von einer Höhe von sechsundsiebzig Fuß fiel, dennoch mit Gottes Hilfe glücklich davonkam.

Nicht weit davon liegt die Kirche; man sagt, dass es eine der schönsten Dorfkirchen in ganz Sachsen sei. Sie kam uns ganz besonders freundlich vor; ein frisches Grab war soeben aufgeworfen und mit weißem Sand bestreut; aber der Wind hatte die Blumen vom Grabe fortgeweht; ich sammelte sie wieder zu einem Kranz zusammen und legte diesen darauf. Ein kleiner Vogel in einem nahen Baum zwitscherte, als wolle er mir Dank sagen; er hatte gewiss den kleinen Schläfer gesehen und gekannt, der hier sein müdes Haupt in der kühlen Erde zur Ruhe gelegt hatte.

Von der Ruhestätte der Toten gingen wir nach der der Lebenden, dem Wirtshause. In der Gaststube saßen zwei Frauenzimmer, welche die Harfe spielten und dazu sangen; sie griffen, wie ein Südwind, in die Saiten und sangen mit etwas kreischender Stimme: „Herz, mein Herz, warum so traurig?", sodass

Das Schloss erhebt sich auf einem hervorragenden Felsen, hoch über dem Fluss.

uns ganz „traurig“ dabei zumute ward. Bald dampfte das Abendessen vor uns, einige wegen ihres Alters ehrwürdige gebratene Enten. Dann begaben wir uns zur Ruhe. Aber Natur und Kunst hatten mir hier einen Geniestreich gespielt; die Erste hatte mich zu lang geschaffen, die Letztere hingegen das Bett zu kurz. Aus Verzweiflung ging ich in die große Gaststube hinunter; rund umher auf Strohlagern schlummerten Leute mit dichten, schwarzen Bärten; ein hässlicher, schwarzer Bullenbeißer, der wie ein abgenutzter Reisekoffer aussah, stürzte mir mit einem heulenden Kriegsgeschrei entgegen. Draußen regnete es in Strömen und plätscherte, als wollte es sagen: „Sieh, so ging es bei der Sintflut zu!“ Der Tag begann zu grauen, aber nicht die Hoffnung, wieder in die Berge zu kommen. Es war das erste schlechte Wetter, das ich auf meiner Reise hatte; „es wird wohl später besser werden“, dachte ich, und kaum war eine Stunde vergangen, da regnete es schon weniger; wir fassten Mut und mit einem kleinen zehnjährigen

Nicht weit davon liegt die Kirche; man sagt, dass es eine der schönsten Dorfkirchen in ganz Sachsen sei.

Bauernjungen als Führer begaben wir uns nun auf die Reise, um durch den Ottowalder Grund die Bastei zu besteigen. Der kleine Junge lief mit bloßen Füßen, lachte und schwatzte in einem fort, und es kam mir beinahe vor, als habe er einen Schelm im Nacken, als wäre es der leibhafte Amor, der unser Führer geworden; „Wenn er nur nicht unser Verführer wird!“, dachte ich, und es gingen mir manche von seinen schlimmen Streichen durch den Kopf.

„Der kleine Rotzbube, der mit Pfeilen herumläuft“, nennt ihn unser genialer Wessel, und ärgerlich ist es in der Tat, dass so ein Bübchen das Recht haben soll, große, erwachsene Leute aufzuspießen. Man sagt freilich, dass die, die einander bekommen, sich sogleich gegenseitig die Pfeile wieder herausziehen helfen, wo dann alle Liebe vorbei ist; aber die andern behalten den Pfeil im Herzen, und da wird er oft tödlich.

Links: Der Tag begann zu grauen, aber nicht die Hoffnung, wieder in die Berge zu kommen.

Rechte Seite: Wir stiegen stufenweise immer tiefer in ein Tal hinab; es war der Ottowalder Grund.

Wir stiegen stufenweise immer tiefer in ein Tal hinab; es war der Ottowalder Grund. In der wunderbarsten Gestalt erhoben sich hier die Felswände an beiden Seiten, herrlich bewachsen mit Kräutern und buntem Moos; Sträucher und Bäume standen in malerischen Gruppen zwischen den Klüften, tief unten stürzte ein kleiner Bach hin, und oben über uns sahen wir einen schmalen Streifen, ein kleines Stück von dem grau bewölkten Himmel. Bald traten die Felswände so nahe aneinander, dass wir nur noch einer hinter dem andern gehen konnten; drei ungeheure Felsblöcke waren von oben herabgestürzt und bildeten ein natürliches Gewölbe, unter dem wir durchgehen mussten.

Das Tal ward nun mit einem Mal breiter, dann wieder schmäler; wir betraten die „Teufelsküche“, eine wilde Felskluft, wo die übereinander gestürzten Felsmassen eine lange, essenförmige Öffnung gebildet hatten. Ich blickte durch dieselbe

Bald traten die Felswände so nahe aneinander, dass wir nur noch einer hinter dem andern gehen konnten; drei ungeheure Felsblöcke waren von oben herabgestürzt und bildeten ein natürliches Gewölbe, unter dem wir durchgehen mussten.

nach oben, einige Wolken zogen gerade darüber weg, und es war, als ob ein gespenstiges Wesen sich davonmachte, hinaus in die freie Luft.

Es ging immer vorwärts, und immer änderte sich das große Panorama um uns her.

Ein großes, hübsches Gebäude lag vor uns, es war das Wirtshaus auf der „Bastei". Hier ist es hoch, sehr hoch! Du musst ein paar Kirchtürme aufeinander setzen und dann nicht schwindlig dabei werden, wenn du auf der obersten Spitze stehst. Ein Gitter ist angebracht, damit du nicht fällst! – Das lange weißgelbe Band dort unten, das vor deinen Augen nicht breiter aussieht als das Trottoir auf der Straße, ist die Elbe; das gelbbraune Pappelblatt, das du schwimmen zu sehen glaubst, ist ein langer Flusskahn; du kannst auch, aber nur wie kleine Punkte, die Menschen darauf erkennen! Versuche es, einen Stein in die Elbe hinabzuwerfen, du musst deine ganze Kraft anwenden, er erreicht sie doch nicht, sondern fällt diesseits ins

Das Tal ward nun mit einem Mal breiter, dann wieder schmäler.

Gras. Die Dörfer liegen dort unten wie Spielzeug auf einem Jahrmarktstisch. Dort erhebt sich der Königstein und der Lilienstein hoch in den Wolkennebel hinein; aber sieh, dieser zerteilt sich! Sonnenstrahlen fallen auf den Pfaffenstein und die Kuppelberge! Der ganze Wolkenvorhang hebt sich, und in der blauen Ferne siehst du die böhmischen Rosenberge und den Geisingberg im Erzgebirge. Dicht neben uns, links, erheben sich nun wilde Felsstücke aus dem Abgrund, und aus der Tiefe steigt ein gemauerter Pfeiler empor, auf dem eine Brücke ruht, welche die Bastei mit dem Felsenschloss verbindet. In der Felsschlucht unter uns ist es ganz dunkel; der Führer zeigte uns in den Felsen Spuren davon, dass hier früher Menschen gelebt haben; wir sahen Klüfte eingehauen, wo sie lebten und sich umhertummelten. Es sieht aus, als ob die große

Linke Seite: Ein Gitter ist angebracht, damit du nicht fällst!

Rechts: ... aus der Tiefe steigt ein gemauerter Pfeiler empor, auf dem eine Brücke ruht, welche die Bastei mit dem Felsenschloss verbindet.

Felsmasse gesprengt sei, als ob eine mächtige Naturkraft hier versucht habe, unsern stolzen Erdball zu spalten.

Der Weg schlängelte sich an dem tiefen Abgrund entlang, Felswände und Klüfte wechselten miteinander.

Die ganze Natur war mir eine große lyrische Dichtung in jedem möglichen Versmaß. Der Bach zankte in den vortrefflichsten Jamben über die vielen Steine, die ihm im Wege lagen, die Felsen standen so breit und stolz da wie respektable Hexameter. Die Schmetterlinge flüsterten den Blumen Sonette zu, indem sie ihre duftenden Blätter küssten, und alle Singvögel zwitscherten, jeder wie ihm der Schnabel gewachsen, in sapphischen und alcäischen Versen. Ich hingegen – schwieg und will auch hier schweigen.

Nun führte der Weg nach Hohnstein und Schandau, aber erst wollten wir einen kleinen Abstecher machen, um die seltsame Partie bei der „Teufelsbrücke“ zu

Die Felsen standen so breit und stolz da wie respektable Hexameter.

Der Bach zankte in den vortrefflichsten Jamben über die vielen Steine, die ihm im Wege lagen ...

sehn. Der Teufel hat wirklich Geschmack. Jede Stelle, die seinen Namen trägt oder auf ihn hindeutet, hat etwas Pikantes. Es sind die allerromantischsten Gegenden, die man mit seinen Interessen in Verbindung gesetzt hat. Wie gesagt, er hat Geschmack, und das ist eine gute Eigenschaft.

Die Teufelsbrücke ist gleichsam hingeworfen über eine Schlucht zwischen zwei senkrechten Felsen; ein Berg ist hier gespalten von seiner obersten Spitze bis an den grünen Fuß; aber die ganze Öffnung ist nur ungefähr vier bis fünf Ellen breit. Einige Schritte davon ist noch eine ähnliche tiefe Spalte; aber diese geht in wunderlichem Zickzack und bildet gleichsam eine Art Gang. Durch den Dichter Kind hat diese Stelle ein eigenes Interesse bekommen, indem er die Beschwörungsszene im Freischütz hierher verlegt hat. Diese tiefe Spalte ist die vom Theater her bekannte „Wolfsschlucht",

Felswände und Klüfte wechselten miteinander.

Die Teufelsbrücke ist gleichsam hingeworfen über eine Schlucht zwischen zwei senkrechten Felsen.

sieht aber nichts in der Welt weniger ähnlich als der Dekoration, durch die man sie gewöhnlich darstellt; es würde übrigens auch sehr schwierig sein, das Ganze darzustellen, wie es sich in der Wirklichkeit zeigt. Von des Felsens höchster Spitze steigt man durch diese Spalte ins Tal hinunter; die Felsstücke sind einander so nahe, dass man nur einer hinter dem andern gehen kann; bald klettert man an einer Leiter hinab, bald findet man Stufen in den Felsen eingehauen, und ganz unten befindet man sich zuletzt in einer engen Höhle, in der nicht mehr als drei bis vier Menschen Platz haben.

„Hilf, Samuel!", riefen wir, als wir noch kaum die Hälfte hinabgestiegen waren; denn hier schien es bedenklich zu sein. Jedes Mal, wenn wir um ein Felsstück herum kamen, von dem wir glaubten, dass es den Ausgang verberge, lag noch immer ein tiefer Abgrund unter uns.

Links: „Hilf, Samuel!", riefen wir, als wir noch kaum die Hälfte hinabgestiegen waren; denn hier schien es bedenklich zu sein.

Rechte Seite: Über Hohnstein ... ging es wieder hinaus in Gottes freie Natur.

Über Hohnstein und Schandau ging es wieder hinaus in Gottes freie Natur. Ein breiter Fahrweg, der zwischen grünen Waldungen sich an einem kleinen Fluss hinschlängelte, führte uns in die wilde Felsgegend hinein. Die Damen wurden nun in Tragstühlen den Felspfad hinangetragen, wir andern trugen uns selbst, und so langten wir ungefähr um dieselbe Zeit am Ziel unserer heutigen Wanderung an. Eine hohe, gewölbte Felsöffnung lag vor uns. Es war der Kuhstall. Er sieht im ersten Augenblick aus, als sei er von Menschenhänden aufgeführt; aber wenn man die stolze Masse näher betrachtet, da fühlt man, dass nur die Natur einen solchen Riesenbau ausführen kann. Im Dreißigjährigen Kriege sollen die Bewohner der Umgegend hier einen Zufluchtsort gefunden haben; hier versteckten sie namentlich einen großen Teil ihres Viehes, woher auch der Name gekommen sein mag. Es fing an zu regnen, aber wir saßen trocken unter dem Portal, während sich ein prächtiger Regenbogen über den Wal-

Ein breiter Fahrweg, der zwischen grünen Waldungen sich an einem kleinen Fluss hinschlängelte, führte uns in die wilde Felsgegend hinein.

dungen und zwischen den umherstehenden Felsen ausspannte. Niemals habe ich so starke Farben, nie einen so schönen Regenbogen gesehen; er zeigte sich nicht bloß in der Luft, er ging auch an der Felswand herunter und rundete sich tief unter uns auf den Gipfeln des schwarzen Fichtenwaldes ab; er bildete einen vollkommenen Zirkel. Ein alter Mann in einem grauen, abgenutzten Rock saß auf einem Felsblock am Eingange der Halle und spielte uns etwas vor; mehrere Saiten auf seiner Harfe waren gesprungen, eine Dissonanz folgte der andern; sah man aber den alten Mann an, dessen Leben gewiss auch diesem Harfenspiel glich, da kam wieder Harmonie in das Ganze. Die Dissonanzen lösten sich in meinem Herzen in Wehmut auf.

Ein schmaler Weg, der wie durch den Felsen gehöhlt war, führte uns hinaus zu einer dritten Seite dieses Felsportals; nackte Steinwände erhoben sich zu beiden Seiten, wir mussten auf Leitern und Treppen hinanklettern, um auf die oberste Spitze des Felsens zu gelangen. Die erste Höhle ward das „Wochenbett" genannt, weil zur Zeit des Krieges unglückliche Mütter hier ihre Kinder zur Welt brachten. Die Leiter zog sich dicht an dem tiefen Abgrund hin; wir kamen über eine kleine Brücke nach einer andern Felspartie; hier war an einem Felsen eine Schere gemalt. Die Stelle hieß das „Schneiderloch" und soll einer Räuberbande zum Aufenthalt gedient haben, deren Anführer das Schneiderhandwerk gelernt hatte, später aber Neigung bekam, Menschen statt alter Kleider aufzutrennen. Um hinein und wieder heraus zu gelangen, musste man auf Händen und Füßen kriechen, und es hatte wirklich etwas Unheimliches, hier in der Abenddämmerung den einen nach dem andern aus der tiefen Höhle herausschleichen zu sehn, hoch oben zwischen zwei gähnenden Abgründen. Übrigens war hier ein vortreffliches Echo, das die Worte sechs- bis siebenmal wiederholte. Nahe dabei liegt das „Pfaffenloch", eine Öffnung in einem Felsen, durch die in dem Religionskriege ein Priester hinabgestürzt ward. Ich blickte in die Tiefe hinab, es war vollkommen dunkel darin, während der Himmel oben noch von der untergehenden Sonne gerötet war. Bevor wir wieder

Eine hohe, gewölbte Felsöffnung lag vor uns. Es war der Kuhstall.

hinunterkamen, mussten wir auf Händen und Füßen durch die „krumme Caroline" kriechen, eine Höhle mit vielen Krümmungen, die wieder auf den Fußweg zurückführte. Nirgends habe ich übrigens eine solche Menge von Namen gesehen wie hier im Kuhstall, nicht einmal im Adressbuch gibt's so viele! Die ganze Felswand, auswendig wie inwendig, war über und über eine bunte Malerei von Namen; einige waren sogar eingemeißelt und dann noch hinterher ausgebrannt oder mit Teer bestrichen. Diese Unsterblichkeit hat doch etwas Mühe gekostet!

Sowie der Tag graute, waren wir schon alle auf den Beinen. Die Vögel zwitscherten lustig; aber sie hatten wahrscheinlich auch besser geschlafen als wir. Der ganzen Natur hingen Nebelwolken wie Schlaf in den Augen, sodass sie eben auch nicht sehr vergnügt aussah. Endlich brach aber doch die Sonne durch. Der Weg ging über Basaltstücke in einem beständigen Zickzack aufwärts. So gelangten wir auf den Kleinen Winterberg. Hier soll Kurfürst August von Sachsen im Jahre 1558 einen mächtigen Hirsch bis an den äußersten Rand des Felsens verfolgt haben; der Kurfürst stand auf dem schmalen Pfade unter dem Felsen, der Hirsch hingegen, von den Hunden verfolgt, stand oben und war im Begriff auf ihn herunterzuspringen, sodass er rettungslos in den Abgrund hinabgestürzt wäre; es gab nur ein Mittel der Rettung, das Tier zu erlegen; er legte an und traf es glücklich. Der Sohn ließ später an dieser Stelle ein Jagdhaus erbauen, das noch steht und an dessen

Links oben: Die ganze Felswand, auswendig wie inwendig, war über und über eine bunte Malerei von Namen; ... Diese Unsterblichkeit hat doch etwas Mühe gekostet!

Rechte Seite: Der Sohn ließ später an dieser Stelle ein Jagdhaus erbauen, das noch steht ...

Giebel das Geweih dieses Hirsches prangt.

Nach einer etwas ermüdenden Wanderung hörte endlich das Nadelholz auf, und wir standen unter herrlichen, grünen Buchen, rund umher sprudelten Quellen aus dem fruchtbaren Erdreich hervor, noch einige Schritte weiter und wir befanden uns 1780 Pariser Fuß über der Meeresfläche. Welche Unendlichkeit lag da um uns her! Tiefer unten in den wild bewachsenen Abgrund schlängelte sich die Elbe, wie ein schmales Band, das sich bei Dresden verlor, dessen Türme und Kuppeln sich an dem Hintergrunde der blauen Meißner Berge erhoben. Die schönste Aussicht war jedoch nach Böhmen zu. Nie habe ich mir den dunkelblauen Schein der Gebirge so deutlich vorstellen können! Wie ein versteinertes Meer lagen die Berge vor mir, und weit an dem fernen Horizont erhob sich das Riesengebirge, mit seinen schneebedeckten Gipfeln, wie ein luftiges Wolkenland. An den Bergwänden zogen schwere Wolken hin; hier lag eine Partie ganz im Schatten, während sich wiederum eine andere im klarsten Son-

nenlicht erhob. Auch in meinem Herzen schien die Sonne, während schwere Wolken über diese innere Welt hinfuhren. Es liegt etwas mächtig Ergreifendes darin, auf solche Weise über ein großes Land hinzuschauen; wie manches Herz schlägt nicht in Sehnsucht und Freude dort unten im Tal! Wie manche Träne fällt nicht brennend heiß hoch über den Wolken auf die stolzen Berge! Könnte man in dem Herzen des fremden Mannes lesen, der dort im Gebüsch sitzt; welche Idylle oder welches Epos würde man da vielleicht finden! Er sieht hinab in die

Nie habe ich mir den dunkelblauen Schein der Gebirge so deutlich vorstellen können!

freundliche Landschaft unter den wilden Felsmassen und auf die segelnden Wolken, die dieses Paradies des Friedens bald verhüllen, bald sich wieder öffnen und es zeigen.

Hoch auf dem Berg, wo die Wolken ziehn,
wo die Fichten stehn, so dunkelgrün,
wo die Quelle hüpft über Fels und Stein,
sitz ich allein!
Einem Eiland gleichet der Felsen bald.

Die Wolken nehmen des Meers Gestalt,
und wenn die Wolkenmasse bricht,
seh ich dort unten, im Sonnenlicht
hell beschienen, das grüne Tal –
da war ich einmal!
Wo die Vögel im Walde singen so schön,
wo der Menschen braune Hütten stehn,
wo des Rauches blau durchsicht'ger Flor
steigt an der Felswand wirbelnd empor.
Eine Heimat fand ich an diesem Ort
und eine Herzgeliebte dort;
es entbrannte das Herz und die Seele
mein
für sie nur allein!
Sie liebte mich – und sie war mir treu,
treu – und deshalb schieden wir zwei.
Sie war die Braut – dort steht ihre Hütte,
dort in des Eichwalds schattiger Mitte,
und an der Bergwand grünendem Fuß
sie die Gedanken verbergen muss.
Sie darf im Herzen nicht bei mir sein,
ich aber träume nur sie allein!
Sünde auf Sünde häuf ich im Schmerz,
sie nur erfüllet mein ganzes Herz.
– O du wogendes Wolkenmeer,
zieh übers Grab meiner Liebe her!

... dann die wilde Felsenpartie, das „Prebischtor", wo wir unter dem kühnen, steinernen Bogen standen, den der mächtige Naturgeist keck über unsern Häuptern gewölbt hatte.

Zuweilen kann eine einfache Melodie, die wir nur ein einziges Mal hören, einen so mächtigen Eindruck auf unsere Seele machen, dass wir sie mitten im Gewühle der Welt wieder zu hören glauben, ohne dass wir sie deshalb laut zu singen imstande sind; in uns lebend braust sie durch unser Inneres. So ergeht es mir auch mit den Naturszenen; so mit dem Tonstück, welches in Farben mit Licht und Schatten hervortrat, das ich auf der Wanderung von wenigen Stunden in den böhmischen Bergen kennen lernte. Vieles trug vielleicht der Umstand dazu bei, dass dies die südlichste Partie war, die ich zu sehen be-

kommen sollte, dass ich, nachdem ich hier gewesen, beständig mich wieder nordwärts, nach der Heimat zuwandte. In der herrlichsten Sonnenbeleuchtung liegt die schöne Landschaft in meiner Erinnerung, ich sehe ganz deutlich einen jeden einzelnen Punkt, und wie die verklungenen Melodien tönt es oft durch meine Seele, ohne dass ich es jedoch so recht in Tönen und Liedern aussprechen kann. Ich sehe den großen, offenen Fleck im Walde mit den ungeheuren Fichten, wo man uns sagte, dass wir nun die Grenze überschritten; ich sehe das sonnenverbrannte böhmische Mädchen mit dem weißen Tuch um den Kopf und den bloßen Füßen, die uns in dem finstern Fichtenwald begegnete, und dann die wilde Felsenpartie, das „Prebischtor", wo wir unter dem kühnen, steinernen Bogen standen, den der mächtige Naturgeist keck über unsern Häuptern gewölbt hatte. Ich sehe die unübersehbaren schwarzen Waldungen tief unter uns und die fernen Berge mit ihrem Schnee, den die Sonne beleuchtete. ‚Nur ins Tal hinunter, und dann nicht weiter', dachte ich, ‚und dir öffnet sich hinter jenen Bergen ein noch schöneres Tal, wo man die Grenzen Tirols sieht, wo man schon Italiens Luft auf den Bergen dort einatmet! Nur hinunter ins Tal, und dann heimwärts – heimwärts nach Norden zu, um vielleicht niemals hierher zurückzukehren –, niemals die Berge wieder zu sehen mit ihren schwarzen Waldungen hoch oben in den weißblauen Wolken!'

Wäre ich hier allein gewesen zwischen den Felsen, da hätte ich weinen können und das würde dann gewiss in

Links oben: Wir kamen an einem kleinen freundlichen Hause vorbei.

Rechte Seite: Der Weg zog sich zwischen wilden Felswänden durch, ein kleiner Fluss trug dazu bei, dem Ganzen Abwechslung zu verleihen.

meinem Innern Bilder aus der Heimat hervorgerufen haben, die mich aufs Neue gestärkt hätten. Wir liefen den steilen Bergabhang hinab, an dem sich der Pfad in mannigfachen Krümmungen schlängelt; durch die „Heiligen Hallen", eine romantische Felsenpartie unterhalb des Berges, kamen wir auf die große Landstraße im Walde; böhmische Bauern fuhren an uns vorüber, große, stark gebaute Pferde zogen die Wagen, der Wald hallte von Axtschlägen wider, wir kamen an mehreren Holzhauern vorbei, die unter frohem Gesange Bäume fällten. Die Böhmen haben einen angebornen Hang zur Musik, fast jeder Bauer spielt die Geige oder bläst die Flöte. Schon dies macht mir das böhmische Volk lieb, denn wer die Musik liebt, muss auch ein offenes, gutes Herz haben. Die Töne sind doch der Irisbogen, der den Himmel mit dem Irdischen verbindet. Farben, Töne und Gedanken sind doch im Grunde die Dreieinigkeit des Universums. Das Irdische spricht sich in der Potenz der verschiedenen Farben aus, und diese offenbaren sich wieder geistig in den mächtigen Tönen, die ihrerseits den Schlüssel zu des Herzens innersten Tiefen besitzen! Nur die Töne sind imstande, die Gedankenrätsel zu lösen, die oft in unserer Seele geweckt werden.

Wir kamen an einem kleinen freundlichen Hause vorbei mit rot gemaltem Holzwerk und mit Weinranken an den Mauern; da saß ein kleiner sonnenverbrannter Knabe mit silberweißem Haar und übte sich auf einer alten Geige; vielleicht wird der Kleine einmal ein großer Virtuose, setzt die Welt durch sein Spiel in Staunen, wird bewundert und geehrt,

Endlich kamen wir in das kleine böhmische Grenzdorf Herrnskretschen.

während ihm ein geheimer Wurm alle grünen Blätter von des Lebens Baum abnagt.

Der Wald verlor sich inzwischen immer mehr und mehr, der Weg zog sich zwischen wilden Felswänden durch, ein kleiner Fluss trug dazu bei, dem Ganzen Abwechslung zu verleihen, eine Mühle lag neben der andern, wo große Bäume und Steine durchgesägt wurden; an mehreren Stellen fanden wir zum Übergange über den Fluss nur ein schmales Brett ohne Geländer. Endlich kamen wir in das kleine böhmische Grenzdorf Herrnskretschen.

Alles um mich herum hatte einen ganz neuen Charakter! Das Ganze trug ein fremdartiges, eigentümliches Gepräge; noch ganz lebhaft sehe ich vor mir unter den gelbgrauen Felsen mit dem grünen Gestrüpp die netten, rot bemalten Häuser mit ihren hölzernen Altanen, hohen Treppen und Staketen, ein Christus- oder Muttergottesbild über der Tür, das, wie schlecht es auch gemalt sein mochte, doch für mich dem Ganzen einen interessanten Anstrich gab. Ich sehe noch die vielen Weiber, die muntern Mädchen und Burschen, die mit bloßen Füßen an dem Ufer des Flusses standen und die großen Stücke Holz, die auf dem Wasser dahertrieben, ans Land zogen. Ich sehe das alte braungelbe Bauerweib an dem offenen Fenster, das uns in Josephs und Marias Namen grüßte. Ich sehe das wunderlich bunte Bild mit den frischen Blumenkränzen auf dem Marktplatz, wo ein alter Bauer knieend sein Gebet hersagte und ein hübsches junges Mädchen im Vorbeigehen das Zeichen des Kreuzes machte.

Es war das Bild des heiligen Nepomuk, Böhmens Schutzpatron, das ich hier sah. Übrigens war mir ganz eigen zumute, wenn ich daran dachte, dass ich mich jetzt in einem Lande befand, wo ich für einen Ketzer galt. Die katholische Kirche in Dresden mit ihren Zeremonien und ihrer Kirchenmusik versetzte mich nicht so nahe an den päpstlichen Stuhl als dieses Heiligenbild unter freiem Himmel und der katholische Gruß des alten Weibes.

Wir gingen längs der Elbe, wo wir auf österreichische Grenzsoldaten stießen; sie sangen eine Melodie aus der „Stummen von Portici“, und die bekannten Töne bewirkten, dass ich mich der Heimat näher träumte, als ich es in Wirklichkeit war. Drei böhmische Ruderer erwarteten uns in einer Gondel, die uns wieder nach Sachsen zurückführen sollte. Der

Wind schwellte die Segel; Berge mit Waldungen erhoben sich an beiden Seiten; wir kamen an mehreren größern Schiffen vorbei mit Balken und Planken tief aus dem Böhmerlande; wir sahen dicht am Ufer einen großen Sandsteinbruch, der für mich dadurch Interesse erhielt, dass die Steine zum Bau des Christiansburger Schlosses hier gebrochen sein sollen. Nicht weit von hier erhob sich über dem Wege, der längs der Elbe lag, ein Felsen, der in der Entfernung eine überraschende Ähnlichkeit mit Ludwigs XVI. Büste hatte und auch danach benannt ward; es fand sich da der ganze Ausdruck des Gesichts, und die große Allongeperücke hing rund um den riesenmäßigen Kopf; kam man nahe unter den Felsen, da ward die Ähnlichkeit allerdings undeutlich, und man sah nur die wilden Felsstücke übereinander, mit grünem Gebüsch in den tiefen Klüften.

Bei Schandau stiegen wir ans Land, um denselben Abend noch in Dresden zu

Es war das Bild des heiligen Nepomuk, Böhmens Schutzpatron, das ich hier sah.

Folgende Seite: Bei Schandau stiegen wir ans Land …

sein; aber wir hatten noch eine Felsenpartie zu besuchen, den bekannten Lilienstein. Senkrecht erhoben sich die stolzen Felsblöcke, wir standen schon an ihrem Fuße unter der großen Linde, die auch Friedrich dem Zweiten ihren Schatten darbot. Eine Menge Fußsteige kreuzen sich; bald sanken wir in den tiefen Sand

Oben: ... aber wir hatten noch eine Felsenpartie zu besuchen, den bekannten Lilienstein.

Rechte Seite: ... die Treppe ward immer krummer ...

hinein, bald mussten wir beinahe senkrecht auf Stufen hinansteigen, die in den Felsen hineingehauen waren. Über einer

jähen Schlucht lag eine kleine hölzerne Brücke, die Treppe ward immer krummer, und endlich standen wir auf der obersten Spitze, wo eine große Fläche, beinahe von dem ganzen Umfange des Felsens, mit Fichten und Föhren bewachsen ist. Welche herrliche Aussicht in die böhmischen Berge! Tief unten zwischen den von der Sonne beschienenen grünen Wiesen floss der Elbstrom und am jenseitigen Ufer

Am jenseitigen Ufer ward das Städtchen Königstein sichtbar unter dem stolzen Felsen, auf dem die weltberühmte Festung liegt.

Ein kleiner Pfad längs der Elbe führte uns unter hohen Felswänden nach Pirna und nach dem Schlosse und der Irrenanstalt Sonnenstein.

ward das Städtchen Königstein sichtbar unter dem stolzen Felsen, auf dem die weltberühmte Festung liegt.

Ein kleiner Pfad längs der Elbe führte uns unter hohen Felswänden nach Pirna und nach dem Schlosse und der Irrenanstalt Sonnenstein. Ein ganz eigenes Gefühl muss jeden bei einem Besuch innerhalb dieser Mauern ergreifen, die eine Welt für sich einschließen, eine Welt, die aus ihrer natürlichen Bahn herausgerissen ist und wo daher der lebensgrüne Keim zu ei-

nem geistigen Missgeschöpf zusammenschrumpft oder sich entwickelt. Die Phantasie, dieser beste Cherub des Lebens, der uns ein Eden in den Sand der Wüste hinzaubert, der uns in seinen starken Armen über den tiefsten Abgrund weg und über die höchsten Berge in Gottes herrlichen Himmel hebt, ist hier eine fürchterliche Schimäre, deren Medusenhaupt den Gedanken der Vernunft versteinert und einen magischen Kreis um das unglückliche Opfer zieht, das nun für die Welt verloren ist.

Siehst du das kleine viereckige Gemach mit dem hoch angebrachten, vergitterten Fenster? Auf Stroh, mitten auf dem Fußboden sitzt der nackte Mann, mit dem schwarzen Bart und mit einem Strohkranz um den Kopf, der seine Krone ist; eine vertrocknete Distel, die er im Stroh fand, ist sein Zepter. Er schlägt nach den Fliegen, die um ihn herumschwirren; denn er ist König, ist Despot, die Fliegen sind seine Untertanen, sie haben eine Revolution gemacht, sagt er, sie verlangen seinen Kopf, sie sind hineingedrungen in denselben, er begreift selbst nicht wie; aber er fühlt, wie sie drinnen stürmen und ihn ihm doch nicht von den Schultern reißen können.

Hier nähert sich uns ein Frauenzimmer, sie ist schön gewesen, aber der Schmerz hat ihre Züge entstellt. „Ich bin Tassos Leonore; Heine hat mich auch besungen! Ach ja, viele Dichter haben mich besungen, und das kann einem weiblichen Herzen recht schmeicheln! Das ist ein Triumph! Da war auch einer, aber der konnte mich nicht besingen, und darum schoss er sich ins Herz – das war denn auch ebenso gut wie ein Lied! – Nun ist die ganze Welt aus Liebe zu mir verrückt geworden, und daher hat man mich auf dieses fremde Schloss gebracht; aber hier sind sie auch alle von meinem Anblick verrückt geworden, allein dafür kann ich ja nicht!“

An dem geöffneten Fenster sitzt ein blasser junger Mann; er stützt den Kopf auf seinen Arm und sieht hinaus nach dem roten Abendhimmel und nach den Schiffen, die mit ausgespannten Segeln die Elbe hinabsteuern. Es stört ihn nicht in seinen Betrachtungen, dass wir uns nähern, er hält seine ganze Existenz für einen Traum, er erinnert sich an eine bessere Zeit, die er erlebte, und betrachtet nun uns und die ganze Natur wie Traumbilder. Er hat die fixe Idee, dass er die Pulsschläge eines jeden schlagenden Herzens, dass er das Herz im Tode brechen hören kann – es bricht ihm in den wildesten Tönen, sodass er rasend wird. Man bindet ihn auf einen Stuhl, der durch Räder in ein wirbelndes Drehen versetzt wird. Mit einem wilden Schrei saust er herum, bis er das Bewusstsein verliert und man dann das Drehen einstellt.

Doch fort mit diesen schrecklichen Bildern! Der Wagen wartet schon, der uns in ein paar Stunden nach Dresden bringt.

Nur drei Tage hatte ich hier noch zu verweilen, und es war noch so mancherlei zu sehen, ich wollte so vieles noch einmal besuchen. Wie Wolken in einer stür-

Tharand mit seiner Ruine, seinem spiegelklaren See und seiner tiefen Einsamkeit ...

mischen Nacht jagen die Bilder dieser Tage vor meiner Seele vorüber; jede Stunde brachte mir etwas Interessantes. Ich war auf der Bildergalerie, sah noch einmal die Werke der großen Meister und prägte mir die herrlichen Bilder in die Seele ein, hörte die Messe in der katholischen Kirche und bestieg noch zum Abschied die Berge im Plauenschen Grunde, einer romantischen Gegend dicht bei Dresden, die mich an Rübeland erinnerte, obgleich sie viel reicher an Abwechslung ist als diese Harzpartie. Der Weg lief zwischen den steilen Felsen durch, da war ein Bach, der einen Wasserfall bildete, und dicht daran lag eine Mühle, Kohlenwagen fuhren in den Wald und oben auf einem Felsvorsprung saß ein kleiner Junge und hütete Ziegen; es war nicht ein einziges Gemälde in der ganzen Dresdner Galerie, auf dem die Figuren besser angebracht sein konnten wie hier. Eine wohltuende Ruhe lag über der ganzen Landschaft, es war, als ob Felder, Wälder und Blumen von einem südlicheren

Himmel träumten, während der Bach über Steine hinrieselte und der ganzen Natur ein mächtig einschläferndes Wiegenlied sang. Dresden selbst lag so freundlich zwischen den grünen Weinbergen; die ganze Landschaft war ein Bild von kindlichem Frieden, von romantischen Träumen eines unschuldigen Herzens. Viele ziehen Tharand dem Plauenschen Grunde vor, andere diesen Tharand; ich weiß nicht, zu welcher Partei ich mich schlagen soll, beide hatten für mich etwas Eigentümliches, etwas, dessen Wirkung war, dass man sich hier so recht wohl befand. Die Beleuchtung einer Gegend, und die Beleuchtung in unserer eigenen Seele, in der wir dieselbe betrachten, macht unendlich viel aus. Der Plauensche Grund mit seinem krummen Wege zwischen den Felsen, auf dem Leben und Treiben ist, kommt mir lebendiger vor und hat mehr einen männlichen Charakter, wogegen Tharand mit seiner Ruine, seinem spiegelklaren See und seiner tie-

fen Einsamkeit mehr etwas Passives und Weibliches hat.

Ich musste hier recht lebhaft an den alten Schulmeister denken und mit ihm sagen: „Hier ist ein schöner Platz, von dieser Herrlichkeit könnten doch viele Menschen zehren!“ Aber wie gering ist doch die Zahl derjenigen, die alles das Prächtige zu sehen bekommen, womit Gott unsere Erde geschmückt hat! Im Grunde ist der Unterschied zwischen dem Menschen und dem Hunde, der an sein Hundehaus gekettet nur ein paar Sprünge auf seinem gewöhnlichen Tummelplatz machen kann, doch nur klein.

Dass Dresden, als Übergangspunkt von dem nördlichen zum südlichen Deutschland, auch den Charakter jenes zeigen kann, davon bekam ich doch noch einen Begriff an dem letzten Vormittag, den ich dort zubrachte. Es war so kalt, dass mich fror. Der Regen fiel in Strömen und alles bekam ein finsteres, nordisches Aussehen; Träger liefen durch die Straßen mit Portechaisen, aus denen Damen durch die roten Vorhänge herausschauten. Die Elbe sah aus wie Kaffee, gelb und dick. Beinahe kein Mensch ließ sich auf den Straßen sehen.

Der Regen rauscht, grau ist des Himmels Bogen,
und dicht verhüllt die fernen Berge stehn,
die Elbe kommt vom Böhmerland gezogen,
doch ihre Fluten gelb und trübe sehn.
Dort auf der Brücke, vor dem Schilderhause,
steht ein Soldat, im Mantel eingehüllt,
ihn kümmert's wenig, wie der Sturmwind brause,
er malet sich der Heimat schönes Bild.
Dort scheint die Sonne wärmer auf ihn nieder,
dort folgt er der Geliebten Spur!
Er denkt an sie – denkt sie an ihn auch wieder?
Sie ist ein Weib – ein Weib ja nur!
Die Treu ist wie ein Fluss, der unstet irrt,
leicht, wie die Elbe, gelb und trübe wird! –

Ich musste hinaus, um noch einmal die grünen Weinberge in Morgenbeleuchtung zu sehen.

Später am Tage ward es wieder sonnenklar und sonnenwarm; auf der Brühlschen Terrasse wogte wieder die dichte Menschenmasse, und vom Regen aufgefrischt dufteten die schönen Gewächse. Hier oben brauste Musik, während Gondeln, Boote und Schiffe sich auf der Elbe kreuzten. Dahl hatte an diesem Abend eine kleine Gesellschaft von Norwegern und Dänen bei sich versammelt; er war ein munterer, liebenswürdiger Wirt; wir sprachen alle dänisch und träumten uns zurück an unser herrliches Meer. Wir trennten uns erst spät, am nächsten Tage zogen einige nach Osten, andere nach Westen, zwei gingen nach Rom und Neapel, ich – triste dictu – nach Norden.

Jetzt begrüßte mich der letzte Morgen in Dresden. Ich musste hinaus, um noch einmal die herrlichen Töne unter dem Kirchengewölbe brausen zu hören, um noch einmal die grünen Weinberge in Morgenbeleuchtung zu sehen.

Der Tag war so schön, die ganze Elbgegend lag in dem prächtigsten Sonnenlicht; es kam mir vor, als ob alles Sonntagskleider angetan hatte, um mir Lebewohl zu sagen; aber dadurch ward mir der Abschied auch umso schwerer. In der katholischen Kirche ward keine feierliche Messe gelesen, nur die Orgel spielte ihre einfachen Melodien; aber es war ja das Abschiedslied, vielleicht die letzten tiefen

Töne, die ich hier in meinem ganzen Leben zu hören bekommen sollte. In einem der Beichtstühle sah ich einen alten Priester mit einem ehrwürdigen Gesicht, ein junges Mädchen kniete auf der andern Seite des Gitters und beichtete. Ich wünschte mir auch einen Freund, einen Vater, vor dem ich so recht die Gefühle ausschütten könnte, die beim Abschied von der lieben fremden Stadt, welche dem Herzen nicht länger fremd war, so mächtig in meinem Herzen brausten.

Dahl gab mir beim Abschied einige Zeichnungen zum Andenken, und eine Skizze in Ölfarbe, damit ich doch sagen könnte, dass ich etwas besäße, was er gemalt hätte; das ganze Stück war nicht größer, als dass ich es in der flachen Hand verbergen konnte. „Im nächsten Sommer sehe ich jedenfalls Dänemark und alle Freunde und Bekannte", sagte er und drückte mir die Hand zum Abschied. „Das ist auf Dänisch, und dieses", fügte er hinzu, indem er mich auf die Wange küsste, „ist auf Deutsch! Wir werden uns gewiss noch öfter in dieser Welt wiedersehen."

In meiner jetzigen Stimmung konnte ich Tieck nicht Lebewohl sagen. Eine Stunde später ging ich zu ihm. Er empfing mich in seinem Arbeitszimmer und sah mir so recht herzlich mit seinen großen, klugen Augen ins Gesicht; ich nahm mich zusammen, als ich die eben erst gedämpfte Wehmut doppelt stark zurückkehren fühlte. Er schien viel Güte für mich zu haben, lobte diejenigen von meinen Sachen, die er kannte, und schrieb mir, da ich kein Stammbuch bei mir führte, folgende Worte zum Andenken auf ein Blättchen Papier:

„Gedenken Sie auch in der Ferne meiner; wandeln Sie wohlgemut und heiter auf dem Wege der Poesie fort, den Sie so schön und mutig betreten haben. Verlieren Sie nicht den Mut, wenn nüchterne Kritik Sie ärgern will. Grüßen Sie den teuren Ingemann und alle Befreundeten und kehren Sie uns bald einmal frisch, gesund und reichbegabt von den Musen nach Deutschland zurück.

Dresden, 10. Juni 1831

Ihr wahrer Freund
Ludwig Tieck"

Ich sagte ihm Lebewohl. Kein Fremder war dabei, und daher durfte ich wohl weinen; er drückte mich an sein Herz, weissagte mir eine glückliche Zukunft als Dichter und – dachte gewiss, dass ich ein viel besserer Mensch sei, als ich wirklich bin. Sein Kuss glühte auf meiner Stirn, ich weiß nicht recht, was ich fühlte, aber ich liebte alle Menschen; möchte ich doch einmal als Dichter der Welt etwas schenken können, wodurch ich dem großen Dichter zeigen könnte, dass er sich in dem Fremden nicht getäuscht!

Es war sechs Uhr abends, als ich mit der Schnellpost aus Dresden fuhr; nun sah ich zum letzten Mal die katholische Kirche und die Brühlsche Terrasse im Vorüberfahren. Von der Augustusbrücke suchte mein Auge noch einmal Dahls Haus über der Elbe, ich glaubte ihn am Fenster stehen zu sehen.

Bald lag auch die Neustadt hinter uns, Felder und Wiesen erstreckten sich zu beiden Seiten des Weges; wir waren neun im Wagen, und in diesem Kegelspiel saß ich, wie der König, in der Mitte; „Gott weiß“, dachte ich, „wen von uns der Tod zuerst umwirft! Er wird uns doch nicht alle auf einmal treffen; aber vielleicht die Eckkegel.“

Bildverzeichnis

Reisen um zu schreiben

Anmerkungen zu Hans Christian Andersen

Von Maike Barth

„Reisen ist Leben“ hat Hans Christian Andersen in einer seiner Autobiografien formuliert. Und getreu dieser Devise war der 1805 im dänischen Odense geborene Sohn einer Waschfrau und eines Flickschusters selbst sein ganzes Leben lang ein Reisender.

Schon 1819 verlässt er das Elternhaus, um sein Glück in Kopenhagen zu suchen: Er will Schauspieler werden. Doch verläuft sein Leben in der Hauptstadt nicht, wie er es sich erträumt, und es dauert noch Jahre, bis ihm der soziale Aufstieg gelingt und der erhoffte Erfolg beschieden ist – zwar nicht als Schauspieler, aber als Schriftsteller. Einen wichtigen Schritt auf seinem Weg zum Dichter markiert Andersens erste Auslandsreise, die ihn 1831 nach Deutschland führt und den Auftakt bildet zu einer ganzen Reihe von Fahrten durch Europa und den Orient. Was er dort erlebt, findet zumindest teilweise seinen Niederschlag in Reisebüchern.

Die erste Auslandsreise seines Lebens führt ihn von Lübeck über Hamburg, auf den Spuren Goethes und Heines in den Harz, nach Leipzig und Dresden, in die Sächsische Schweiz und über Berlin zurück nach Kopenhagen. Seine Eindrücke hält er in einem Reisetagebuch fest, das die Grundlage bildet für das Reisebuch „Schattenbilder einer Reise in den Harz, die Sächsische Schweiz etc. etc. im Sommer 1831“, das noch im gleichen Jahr in Kopenhagen erscheint. Die Naturschönheiten des Harz und der Sächsischen Schweiz hinterlassen bei dem Dichter aus dem flachen Dänemark einen tiefen Eindruck. Dies drückt sich auch im Stil der Darstellung aus, die kein journalistischer Reisebericht, sondern vielmehr eine poetische Schilderung der Landschaft und der Stimmungen in der Natur ist, die Andersen wiederum als „eine große lyrische Dichtung in jedem möglichen Versmaß“ empfindet. Dem Leser gestattet er dabei freigebig Einblicke in seine seelische Verfassung – besonders in den

Gedichten finden sich z. B. zahlreiche Anspielungen auf eine unglückliche Liebe, die der Dichter in Kopenhagen erlebt hat.

Doch nicht nur die Entdeckung der romantischen Natur ist ein wichtiger Aspekt dieser ersten Auslandsreise, auch kulturelle Erlebnisse und das Zusammentreffen mit bedeutenden Persönlichkeiten nehmen breiten Raum ein. Ein Höhepunkt dieser Reise ist der Besuch in Dresden, nicht allein wegen der Sehenswürdigkeiten der Stadt, die Andersen in vollen Zügen genießt, sondern vor allem wegen seiner Begegnung mit Ludwig Tieck. Andersen, der zu diesem Zeitpunkt hart daran arbeitet, sich als Schriftsteller einen Namen zu machen, nimmt jede Gelegenheit wahr, sich bei anderen Künstlern und bei der Öffentlichkeit ins Bewusstsein zu bringen. Für ihn ist daher die Aufmerksamkeit, die ihm in Dresden zuteil wird, von besonderer Bedeutung. Dabei überlässt er nichts dem Zufall: So hatte er im Vorwege Tieck einige seiner Texte anonym zukommen lassen. Die freundschaftliche Aufnahme und Anerkennung durch Tieck sind für ihn gleichbedeutend mit seiner Anerkennung als Dichter.

Wir begegnen in den „Schattenbildern“ dem unbekannten Hans Christian Andersen, dem jungen Dichter, der noch am Anfang seines Schaffens steht. Er ist offen und kontaktfreudig, ehrgeizig und eifrig um Anerkennung bemüht. Zwar hat er sich bereits – mit wechselndem Erfolg – in verschiedenen Genres versucht, mit dramatischen Werken ebenso wie mit Prosa und Lyrik, doch liegt sein Hauptwerk, mit dem er schließlich Berühmtheit erlangen soll – die Märchen –, zu diesem Zeitpunkt noch vor ihm. Er selbst sagt von sich, er habe die Gabe, aufzufassen und darzustellen, aber dafür brauche er seine „Werkstatt“, deshalb müsse er sich in der Welt herumtreiben. Seine erste Auslandsreise ist daher nicht allein Wallfahrt ins Deutschland der Romantiker oder „Promotion-Tour“, auch nicht in erster Linie Flucht vor harscher Kritik an seiner Arbeit und emotionalen Verwicklungen in seiner Heimat Dänemark – sondern vor allem Inspirationsquelle für sein erstes Reisebuch.

Titelbild: Sächsische Schweiz, Lilienstein im Morgennebel

Bibliografische Information der Deutschen Nationalbibliothek

Die Deutsche Nationalbibliothek verzeichnet diese Publikation in der Deutschen Nationalbibliografie; detaillierte bibliografische Daten sind im Internet über http://dnb.d-nb.de abrufbar.

Als Textvorlage diente folgende Ausgabe:
Hans Christian Andersen, Reise nach Dresden und in die Sächsische Schweiz, Jess, Dresden 1947.
Die Rechtschreibung wurde den neuen amtlichen Regeln behutsam angeglichen.

3. Auflage 2010

Gesamtherstellung: Husum Druck- und Verlagsgesellschaft
Postfach 1480, D-25804 Husum – www.verlagsgruppe.de

ISBN 978-3-89876-236-6